내가 존재하는 이유

# 내가 존재하는 이유

강은숙 지음

태평양저널

내가 존재하는 이유

2007년 7월 10일 초판 인쇄
2007년 7월 15일 초판 발행

엮은이 | 강은숙
펴낸이 | 박종수
펴낸곳 | 태평양저널
주 소 | 서울특별시 영등포구 신길5동 339-119
전 화 | (02) 834-1806
팩 스 | (02) 834-1802
등 록 | 1991년 5월 3일(제03-00468)

정가 6,000원

잘못 만들어진 책은 바꾸어 드립니다.

# 시집을 펴내며…

먼저 이렇게 시집을 낼 수 있도록 정신적·물질적 용기를 주신 하나님께 감사드립니다.

어린 시절인 초등학교 4학년 때부터 글쓰기를 좋아하여 문예반에 들어가 글쓰기를 시작해 취미생활로 즐겨 오다가 1988년 대학진학 때 취미에 맞는 국어국문학과에 들어갔습니다. 문학보다 어학에 더 뛰어난 재능을 보였던 나는 한글학회에 들어가서 어학자가 되고자 했지만 마음먹은 대로 되지가 않았습니다.

시 짓기는 정신적 양식으로 거의 매일 짓고 있던 중 2000년경 극동방송에 시 부문에서 당선이 되면서 용기를 갖고 시작詩作에 열심을 내게 되었습니다. 시간이 흐른 후 2007년 2월 23일 상록수문학회에 시 부문에 신인으로 당선되어 더욱더 자신감을 가지게 된 나는 시를 통하여 소외되고 어려운 분들에게 조금이나마 희망을 안겨 드리기 위하여 이 시집을 내게 되었습니다. 마지막으로 이 시집을 펴내는 데 도움을 주신 최세균 목사님과 태평양저널 편집인들에게 심심한 감사를 보냅니다.

# 차례

# 제1장 당신께 바치며

# 그대 그림자

내 안에 그대를 가두고 싶어서
내 속에 그대를 담아두고 싶어서
나 그대를 안아 봅니다
그대의 품이 얼마나 넓은 지를 느끼면서…

내 팔에 그대를 뉘이고 싶어서
내 다리에 그대 사랑을 걸치고 싶어서
나 그대를 숨죽여 바라봅니다
그대의 따스함이 내 안에 느껴짐을 바라보면서…

내 속에 그대 모습을 그려봅니다
내 속에 있는 그대 모습이 다시금 솟아오름을
나 새삼 느끼면서…

## 그대 기쁨

그대 기쁨은 나의 기쁨
그대가 기뻐하면 나의 가슴에 아롱지는 봄꽃이 피니까…

그대 사랑은 나의 사랑
그대 내 사랑에 춤출 때면 나 그대 모습에 사랑을 느끼니까…

그대 눈물은 나의 눈물
그대 나 위하여 흘리시는 눈물은 곧 나의 소망이고 나의 전부이니까…

# 그대는 아시나요

그대는 아시나요
저 밤에 빛나는 별빛이 나의 얼굴임을…

그대는 아시나요
저 달빛 속에서 두 방망이질을 하고 있는
토끼 두 마리가 내 친구임을…

그대는 아시나요
달빛 속의 토끼들이 나에게 속삭이고 있는 말들을…

내가 그대에게 말해 줄게요
토끼들이 나에게 속삭이는 말들은
하나의 씨앗이라는 것을 말이에요

# 그리움

내 눈물 받아주는 곳
내 심장이 뛰놀고 있는 곳
그곳은 바로 당신이 있는 곳이라네

내 발걸음이 묻어있는 곳
내 손동작이 숨 쉬고 있는 곳
그곳은 다름 아닌 당신이 숨 쉬고 있는 곳이라네

나 비록 땅을 디디고 살지만
나 비록 당신 향해 눈물 많이 보이지만
언젠가는 보일 수 있으리
당신이 내게 보여준 웃음으로 나 웃을 수 있음을…

나 오늘도 하나를 당신 향해 보내고 있다네
그 하나가 당신과 나를 이어주는 끈임을
나 세상에 알리면서…

# 기쁜 눈물

한 방울의 이슬이 내 눈 밑에서 아롱거릴 때
나 그 매달림에 기뻐합니다
그 이슬은 내 마음을 달래주는 하나의 보물이니까…

한 송이의 방울이 내 눈가에 달려 있을 때
나 그 열매에 즐거워합니다
그 방울은 내 마음의 일부이니까…

한 떨기의 속삭임이 내 눈가에서 떨고 있기에
나 즐거움에 날라 다닐 수 있습니다
그 떨림은 내 안에 계신 그 분께서 허락하신 것이므로…

## 끊임없이 사랑하게 하소서

내 삶 속 깊은 곳에서 나를 힘들게 하는 그 어떤 것이
나를 쓰러뜨리며 슬픔이라는 친구만 데리고
온다 할지라도
나 변함없이 그 친구들을 사랑하며 껴안게 하소서
당신께서 나를 사랑하셔서 나를 안아주심같이…

내 왼쪽에서 나의 발목만 부여잡고 있는 그 어떤 것들이
내 앞길을 서성거리며 막아선다 할지라도
나 그것들을 손수 돌아보며 끌어안게 하소서
당신께서 내 앞길을 열어주심을 굳게 믿으면서…

당신의 말씀과 그 깊은 사랑을 나 끊임없이 깨닫게 하소서
"네 앞과 뒤에 펼쳐진 그 무엇들이 네 눈에는
아파 보일지라도
그로 인해 네게 다가오는 모든 일들이 어려워 보일지라도
네 손을 내가 언제나 부여잡고 있음을 너는 끊임없이
기억하여라"
라는 당신의 말씀을 항상 기억하면서…

# 나

나즈막한 산 아래 피어있는 풀 한 포기 같은 나
그러함에 내 모습이 모든 이의 시야에서 보이지 않고
산 둘레에 휩싸여서 숨을 죽이고 있다

산기슭에 위치해 있어 아무도 모르는 꽃으로 불리우는
그러함에 몸서리치며 울부짖고 있는 나를…
그때 나의 숨고름조차 들리지 않는다

푸른 하늘 밑에 숨죽이며 웅크리고 앉아있는 나
그런 나를 기뻐하시는 당신
그것만으로도 기뻐할 수 있는 나

# 나 감사하게 하소서

나 감사하게 하소서
저 하늘에 떠 있는 뭇별들을 볼 수 있음에…

나 소망 가지게 하소서
저 풀밭에 버려진 들풀을 내가 감싸 줄 수 있음에…

나 기뻐하게 하소서
당신 내게 주신 귀로 당신 말씀 들을 수 있음에…

# 나 당신 것만 바라보게 하소서

나 당신이 함께 계셔 나를 지켜주심에 감사드립니다
나 당신이 돌보심에 그로 인해 나 안심케 되니 나 기쁩니다
세상은 당신보다 물질을 좋아하지만
나로 하여금 당신을 찾게 해 주시니 감사합니다

세상이 추구하며 바라보는 것들을
나 언제나 당신 아래에 두게 하소서
내 비록 연약하여 쉬이 포기하게 된다 하더라도
당신께서 내 마음을 붙들어 주사
나로 하여금 당신 위에 그 어떤 것도 두지 않게 하소서

이 세상이 나로 하여금 당신 아래의 것들이
내게 쉽게 올 수 있다고 나에게 속삭일지라도…

## 나 당신께

나 당신만 바라봅니다
비 온 뒤 무지개가 뜨듯이
당신이 언제나 내 마음에 뜨니까요

나 당신만 소원합니다
세상 소원 이루어지지 않을 수 있으나
내가 바라보는 당신은 내 자그마한 소원까지도
귀 기울이시는 분이시니까요

나 당신만 원합니다
세상 것을 원하는 것은 이루어지지 않을 수도 있으나
당신만 원하는 것은 언제든 이루어질 수 있으니까요

## 나 당신께 속한 자식이므로

이 몸 세상 보기에 볼품없어 보이나
당신 보시기에 아름다우므로 나 이 세상 이겨나갑니다

이 몸 세상 보기에 가치 없어 보이나
당신께서 내게 그 무엇과도 바꿀 수 없는 것을 부여하시기에
나 이 세상을 즐겁게 살아갑니다

이 몸 세상 보기에 할 수 없을 것투성이지만
당신께서 내게 할 수 있다는 확신을 주시므로
나 이 모든 것을 기쁘게 받아들일 수 있습니다

주님! 당신만이 내 힘이시며 당신만이 내 소망이십니다
당신만 내게 있으면 그 어떤 것도 나 두렵지 않습니다
내게 당신의 힘을 더욱 덧입혀 주셔서
이 인간고통을 이겨나가게 해 주소서
당신이 우리를 위해 십자가를 지셨던 것처럼…

## 나 세상 것 없으나…

나 세상에서 부를 노래 없으나
당신께 드릴 찬송이 있음으로 인해
노래 부를 수 있습니다

나 세상 권세 없으나
당신께서 내게 주신 권세만으로도
세상을 헤쳐 나갈 수 있습니다

나 세상 욕심 적으나
당신께서 내게 맡겨 주신 욕심만으로도
힘에 부칩니다

주님! 당신께서 내게 명하신 그 욕심을
잘 수행하여 나갈 수 있도록 도와주소서
내 힘이 다할 때까지…

## 나에게만 들려주시는 당신의 힘과 물질과 소리

세상사람 나보고 작다고 말하나
당신은 나의 이 작음을 크게 만드십니다
세상사람 나보고 힘없다고 말하나
당신은 내게 그 어떤 사람도 감히 줄 수 없으며
당신만이 주실 수 있는 힘을 허락하십니다
그 사랑으로 나 모든 것들을 이겨나갈 수 있게
당신은 늘 내 곁에 머무르시면서…

세상사람 나보고 세상물질 없어 힘들겠다고 말할 때
당신은 내게 당신께서 계신 곳에 있는 물질을 퍼부어 주십니다
"세상 물질보다 내가 네게 주는
영의 물질이 더 필요한 것이다"라는 말씀과 함께…

세상사람 나 보기 싫어함을 내 무의식 속에서
매일 느끼게 되어
이 작은 가슴 쓰려 넘어지려고 할 때마다
당신은 내게 말하십니다
"내가 너를 사랑한다. 그것도 말로 표현할 수 없게…"
라는 우렁찬 외침으로…

당신은 또 내게 말하십니다.

네가 위와 같은 느낌이 들려고 할 때마다

"나와 같은 혹은 나보다 더 아픈 이들을 생각하라는 나의 들리지 않는 소리를 네가 듣고 있는 것이다"

라고 내게 자상하게 말씀하시며…

# 내 곁에 오신 당신

당신 나 엎드리기를 기다렸습니다
나 당신께 엎드림이 너무 느림을 당신은 알고 계셨으면서도
그러기에 나 당신을 사랑하지 않을 수가 없습니다
내 마음을 어느 누구보다도 잘 아시는 분이시기에…

예전에 나는 저 하늘에 뭇별들이
그저 하늘에 떠 있는 물체이겠거니라고 생각했습니다
그러나 나 이제 알 수 있습니다
저 하늘에 떠 있는 뭇별들은
당신 나 위해 지어놓으셨음을 나 알기에…
저 하늘에 떠 있는 뭇별들의 외로움이
나 향한 당신의 마음임을 나 이제야 깨닫기에…

오늘 나 다시금 생각해 봅니다
당신이 내게 베풀어주신 사랑을…
아무도 내 곁에 없을 때 서서히
내 곁에 다가와 주신 분이
당신임을 나 새로이 깨닫기에…

## 내 그리움의 시작

내 그리움의 시작은 어디일까요
작은 물줄기가 서로 모여 큰 물줄기를 뿜어내는 바로 그곳
내 그리움의 시작은 바로 분수대이지요

내 반김의 시작은 어디일까요
화들짝 반기는 아기의 얼굴처럼
그 얼굴을 반기는 엄마의 모습처럼
내 반김의 시작은 바로 얼굴이지요

내 웃음의 시작은 어디일까요
내가 당신 곁에 있을 때에라 나도 있을 수 있기에
내 웃음의 시작은 바로 당신 곁이지요

# 내 그림

내 그림을 높이며 살아가고파
내 마음을 통째로 당신께 드리며 살아가고파
오늘 이 밤도 별을 세어 봅니다

밤에 무수히 떠 있는 별들이 나에게로 다가와 안길 때
나는 그 별에게로 다가가 속삭이고 싶습니다
“내게 와서 힘껏 안기라”고…

별과 벗하는 달님이 나를 보고 살며시 웃을 때
나는 그 달님을 향해 말해보고 싶습니다
그 뽀얀 웃음이 어디서 나왔는지…

## 내 마음에…

내 마음에 당신을 싣고 날고 싶어라
내 마음이 우는 심정을 당신은 아니까…

내 심장에 당신을 꽂고 과녁을 맞히고 싶어라
날아가는 화살이 당신임을 나 즐거워하며…

내 오가는 발걸음에 당신 발걸음 머물게 하고 싶어라
내 종착지는 당신임을 나 또다시 알게 되니까…

## 내 마음을 부드럽게 해 주소서

내 마음에 뭉쳐진 것들을 녹이사
내 마음이 당신의 마음과 같이 되게 하소서

내 마음에 쌓인 것들을 당신께서 부수사
내 마음이 순탄한 도로가 되도록 도와주소서

내 마음속에서 망가지고 엎질러진 모든 물질들을 담으사
나를 당신만이 가질 수 있는 항아리로 만들어 주소서

나는 아직도 당신께서 만들기를 원하시는
항아리에 해당되는 것 같지가 않습니다
당신께서 원하시는 항아리가 제게는 너무나 많은 것을 요구합니다

제가 그 모든 것들을 다 채우고도
당신께서 원하시는 항아리에 더 많은 것들을
가득 넘치게끔 담을 수 있도록
저를 당신의 뜻에
합당토록 만들어 주소서

# 내 삶이 당신과 함께 하므로 행복한 나

내 오늘 삶이 세상 보기에는 보잘것없었지만
당신께서 내 오늘을 지켜주심에 가치가 있었습니다

내 오늘 삶이 세상 짐에 억눌려 있었지만
당신께서 내게 내려주시는 사랑으로 인해
오늘을 마음껏 즐길 수 있었습니다

내 오늘 삶이 내 마음을 아프게 했을지라도
그 삶을 내게 허락해 주신 이는 바로 당신이므로
오늘의 삶을 기꺼이 받아들이겠습니다

나의 삶을 주관하시는 분은 내가 아닌 바로 당신이므로
내 삶을 움직이시는 분은 내가 아닌 바로 당신이기에
내 삶은 다른 이가 아닌 바로 당신이 주관하시므로
당신이 내게 내려 주신 삶에 나는 행복합니다

# 내 안의 나

나 다름을 사랑하게 하소서
저 하늘에 반짝이는 별과 달이 크기는 달라도
우리 모두를 비춰주고 있음에 감사하게 하소서

나 내 안의 나를 사랑하게 하소서
비록 눈에 보이지는 않지만
당신 내 모든 것의 전부됨을 나 알기에
당신이 그들을 사랑함에 나 사랑하게 하소서

나 뉘우치게 하소서
거리를 다니며 나를 스치는 사람들의 소중함을
나 이전에는 몰랐던 것을…

# 내 조그만 삶

네 삶이 무엇이냐고 어떤 이가 물으면 나 대답하리오.
내 삶은 저 하늘에 떠 있는 작은 샛별이라고 말이오
작은 몸짓들이 모여 저 큰 하늘을 빛내는 하나의 몸짓이라고…

네 삶이 무엇이냐고 어떤 이가 또 다시 물으면 나 대답 또 하리오
내 삶은 저 구름 위를 흘러가는 작은 소리의 바람이라고 말이오
작은 소리들이 모여 저 뭉게구름 위를 떠가는 하나의 발버둥이라고…

네 삶이 무엇이냐고 어떤 이가 제차 물으면 나 다시금 대답하리오
내 삶은 저 넓은 들판에 펴 있는 하나의 자그만한 풀꽃이라고 말이오
작은 내음이 서로 모여 저 너른 들판을 향내 내 듯
나 또한 이 너른 세상을 메꾸는 하나의 향풀이라고…

# 내 친구에게

나의 친구야!
네가 언제나 나와 함께 있어 주니 나는 외롭지 않구나.
나 혼자 외로움에 빠져 있을 때 네가 나와 함께 하며
네 곁에는 항상 내가 있노라고 말해 주니까…

나의 친구야!
어제도 오늘 같고 내일도 오늘 같은 나날들이지만
네가 나와 함께 하므로 날마다 새로운 일들이
내 앞에 펼쳐지는 것 같구나
너는 내 곁을 지켜주는 파수꾼이니까…

나의 친구야!
내가 일에 힘이 부쳐 힘들어 할 때도 네가 나와 함께 하므로
나는 거뜬히 이 모든 어려운 일들을 해 낼 수가 있구나
너는 무엇이든 내게 해 주지 못하는 것이 없는 나의 원조자니까…

# 내가 당신께 드릴 수 있는 사랑은 작습니다

하늘에 떠 있는 별이 당신이 내게 주실 수 있는 하나의 소망이라면
나는 당신께 드릴 수 있는 것이 너무 작습니다
저 하늘에 떠 있는 별을 볼 수 있는 작은 눈망울만을
당신께 드릴 수 있으니까요

저 바람에 나부끼는 깃발이 당신이 내게 주실 수 있는 하나의 펄럭임이라면
나 당신께 드릴 것 너무나 없습니다
저 하늘 모퉁이에 나부끼는 깃발을 올려다 볼 수 있음만을
당신께 드릴 수 있으니까요

그러나 나 슬프지도 아프지도 않습니다
당신은 나의 작은 눈망울에도 기뻐하시는 분이심을 나 알기에…

## 내가 존재하는 이유

나를 감싸주시는 사랑으로 나 행복합니다
나를 채찍질해 주시는 당신의 사랑으로 나 당신께 안깁니다
나를 안아주시고 나를 인도해주시는
당신의 사랑으로 나 오늘도 존재합니다

내가 존재할 수 있게 도와주시고
내가 나 다움을 언제나 간직할 수 있게 도와주시는 당신으로 인해
나 언제나 기뻐할 수 있습니다

내 삶이 세상 보기에
내 삶이 사람들 보기에 보잘것없다 하더라도
내 곁에는 언제나 당신이 함께 하므로
나 이 짐을 지고 살아갈 수 있습니다

내 존재의 의미는 이 세상 사람들의 관심이 아닌
당신의 나에 대한 관심이므로
나 이 세상을 이겨나갑니다

# 내게 오늘을 허락해 주신 당신

내 앞에 놓여진
내 앞에 아른거리는 오늘은
당신께서 내게 맡겨주신 하루
오늘도 당신의 뜻을 전하며 살라고 내게 맡겨주신 오늘

내 곁을 스치고 지나가는
내 앞을 서성거리고 있는 오늘은
당신께서 나를 위해 예비해 두신 날
당신께서 친히 나를 위해 행해 보이셨듯이
나도 당신처럼 행하며 살라고 내게 부탁하신 하루

내게 놓인 내 앞에 존재하는 오늘은
당신께서 나와 함께 하시기에 그 존재가치가 있는 하루
내 마음을 움직이시는 분은 바로 당신이므로…

# 내게 주시는 당신의 말씀

나 눈 어두워 당신 모습 잘 보지 못할 때
당신은 내게 당신의 선하신 모습을 보여 주십니다
"내 모습은 이렇다"라고 내 곁에 서서히 다가오시며…

나 당신께 향한 귀 어두워 당신 말씀 잘 들을 수 없을 때
당신은 내게 당신의 다정하신 음성을 손수 들려주십니다.
"내가 네게 하고 싶은 말은 이렇다"라는 아주 미세한 음성으로…

나 당신을 향한 마음 부족해 어찌할 바를 몰라 서성거릴 때
당신은 나를 감싸 안으시며 말씀하십니다
"네가 나를 향한 이 정도의 마음만으로도 나는 족하다"
라고 나를 위로하시며…

# 내게 주시는 당신의 음성

내가 지쳐서 아무 생각도 할 수 없을 때
나를 찾아 오셔서 내 곁에 말없이 계셔 주시는 당신
그로 인해 나는 그 지침 속에서 헤어납니다

내가 힘들어 아무 일도 손에 잡히지 않을 때
나와 함께 계셔서 나를 위로하시는 당신
그로 인해 나는 그 힘듦 속에서 일어납니다

내 생각과 몸이 지쳐 쓰러져 있을 때
당신의 부드러운 음성으로 인해
나는 일어나며 회복됩니다

내게 주시는 음성을 나 아닌 다른 이에게도 허락하소서
그로 인해 그들이 당신을 알고 깨닫게 하소서

# 내게 향한 당신의 뜻

나 어제 당신 음성 들리지 않아 괴로웠습니다
들리는 소리란 오직 세상사람 소리뿐…
"저 자매는 어디가 불편한가봐"

나에게 오늘 아침나절에 들려주신 당신 음성
너무 작아 힘들었습니다
들려주시는 음성이란 "너는 내 딸이다"라는 미세한 떨림 뿐…

나에게 오늘 점심나절에 들려주신 당신 음성 너무 가냘펐습니다
그 음성이란 "너는 할 수 있다"라는 소리 없는 메아리 뿐…

오늘 마지막 때 나를 향해 들려주시는 당신의 음성이
나를 뛰놀게 했습니다
"너는 하나뿐이 없는 내 딸이니 할 수 있지 않겠니?"
라는 자상한 울음의 음성이…

나 비로소 깨달았습니다
당신께서 내게 뜻하신 위대한 계획을…
“너는 하나뿐이 없는 소중하고도 귀여운 내 딸이니,
어느 누구보다도 내 뜻을 잘 알고 내가 원하는
목적지까지 힘 있게 달려 나갈 수 있다”
라는 당신의 울음이 뒤섞인 애달픔과 힘 있는 어조의 말을…

# 당신

당신은 욕심꾸러기
다른 사람들과 내가 대화할 때
당신과 대화하기를 더 바라시는
당신은 욕심꾸러기

당신은 둘도 없는 나의 친구
내가 외로울 때
견디기 힘든 일에 닥쳐서 어찌할 바를 몰라 두리번거릴 때
언제나 같이 계셔주시는
당신은 나의 유일하고도 고귀한 친구

당신은 나의 길잡이
내가 너무 바빠서 허둥거릴 때
당신께서 내게 뜻하신 길로 언제나 나를 이끌어 주시는
당신은 나의 나침반

당신은 나의 힘
내가 세상일과 세파에 시달려 지쳐있을 때
그 상황에서 나를 반드시 건져 내시고야마는
당신은 나의 나침반

# 당신 내 곁에…

나 저 하늘에 떠 있는 별들의 수효를 셀 수 없지만
나 저 하늘에 떠 있는 달님들의 형상을 알 수 없지만
나 저 하늘에 당신 손수 만드신 별과 달이 존재함만으로도
당신이 주신 이 한 걸음을 걸어가렵니다

나 혼자임을 느낄 때
당신 혼자 모든 질고를 지셨음을 나 알기에
당신 모습 따라가며 오늘도 이 한 밤을 지새우렵니다

나 당신 걸어오신 길을 걸어가렵니다
그 길 너무 험해 아무도 따라오려 하지 않아도
당신 내 곁에 계심에 나 당신 곁에 있음에 즐겨하면서…

# 당신 사랑

변함없이 다가오시며 속삭이시는 나의 즐거움
내 목마름이 더할 때마다 내 온몸을 적셔주시는 샘물
그것은 보이지 않으나 우리 모두를 즐겁게 해 주시는 당신의 눈짓

소리 없이 다가오시는 당신의 따스한 옆모습
실수 없이 나 잡아 주시는 당신의 강인한 손목
그것은 남몰래 내게 불어넣으시는 당신의 우렁찬 노래

셀 수 없는 세상 시름에 시달린 나에게
피할 길 없는 세상 시험을 치른 나에게
힘을 주시는 그것은 당신의 우렁찬 울음소리

## 당신 사랑 무한하므로…

나 당신께 향한 사랑이 바람에 흩날리는 민들레 홀씨 같아도
나 당신께 향한 마음이 잔잔한 호수와 같아도
한량없는 마음으로 당신 나를 사랑해 주십니다
민들레 홀씨와 같은 당신께 향한 나의 사랑과
잔잔한 호수와 같이 잘 느낄 수 없는
당신께 향한 나의 마음을 예쁘게 보시는 당신이시므로…

당신 사랑의 건물이 너무 높아 내가 차마 다 오르지 못해도
당신 사랑의 대지가 너무 넓어 내가 다 밟아보지 못해도
당신은 나를 사랑하십니다
나 적게 올라가도 나 좁은 땅만 밟아도
당신은 나를 귀엽게 여기시므로…

당신께서 나 사랑하시는 반만큼
아니 반의 반만큼 아니 1억분의 1이라도
당신 사랑 내가 깨달아 당신 바라보게 하소서
당신이 나를 짝사랑하지 않도록 내 마음을 열어주소서

# 당신 향한 나의 마음

오늘 하루도 나는 달빛을 맞으며 당신 생각에 잠겨 있습니다
저 달빛을 통해 나를 반겨줄 당신을 나 떠올리며…

나 오늘도 당신을 향해 내 온 마음이 달려가고 있습니다
당신 내게 주신 마음 한 가지만을 생각하면서…

나 지금도 당신을 향한 마음에는 변함이 없습니다
당신 나 사랑함을 나 다시금 깨닫기에…

## 당신과 함께…

나 오늘도 당신과 함께 이 하루를 보냅니다
당신이 내게 들려주시는 음성을 나 들으며…

나 오늘도 당신 말씀 깨달으며 하루를 보냅니다
"너의 삶이 곧 나의 삶이 되도록 살아라"는 음성 나 들으며…

나 오늘도 당신 모습 그리며 이 하루를 보냅니다
내게 주어진 이 하루가 당신 내게 주신 선물임을 나 깨달으며…

# 당신과 함께 걸어가는 나의 길

나 바빠도 나 서두르지도 않으렵니다
당신이 주신 나의 길을…

이 세상 어둠이 나를 짓누른다 해도
나 피하지 않으렵니다
이 어둠은 당신이 내게 허락하신 선물이므로…

당신은 오늘 이 시간에도 내게 말씀하고 계십니다
"내가 네게 허락한 이 시간을 뚫고 나가라"고…

# 당신과 항상 함께 하는 나

오늘도 당신 품안에서 행복하였습니다
당신의 품이 나를 감싸 주셨기에…

오늘도 당신 곁에서 만족스러웠습니다
비록 오늘이 내게는 힘들었다 하더라도
항상 내 곁에 당신께서 계셨음으로…

오늘도 당신의 돌보심으로 인해 기뻐할 수 있었습니다
내 오늘의 삶이 비록 힘들었지만
항상 내 삶 속에 거하시는 당신의 숨결을 느낄 수 있었기에…

# 당신께 드리는 편지

당신께 드리는 편지에는 글씨 자욱도 없습니다
그러나 당신은 그 글을 읽으며 내게 답장을 써 줍니다
내 마음을 글 없이도 읽어 내리시는 분이 바로 당신이므로…

당신께 드리는 편지는 우체국에 가지 않아도 부칠 수가 있습니다
당신께서 친히 당신의 편지를 배달하시는 우체부 역할을 하시므로…

당신께 드리는 편지는 그 어떠한 물질도 필요치 않습니다
우편비도 연필 값도 편지지 값도 들지 않으므로…

다만 당신께 드리는 편지는
이거 한 가지만은 꼭 내게 필요로 합니다
당신께 내 마음이 전해질 아주 자그마한 시간 바로 그것을…

# 당신께 있는 것

이 오늘 하루의 따스한 햇볕이 당신께 있습니다
이 햇볕의 따스함은 바로 당신의 웃음에서 온 것이므로…

아가의 귀여운 표정도 당신께 있습니다
이 아가는 당신의 손으로 지어진 보배이므로…

이 글을 짓고 있는 나 역시 당신께 있습니다
당신의 보드라움으로 인해 당신의 따스함으로 인해
나 오늘도 숨 쉬게 되었음을 나 알기에…

# 당신께만 향한 이 마음

이 몸 세파에 시달려 지치고 고달파 허덕일지라도
당신이 언제나 나와 함께 하심을 알기에
이 세파를 이겨나가게 해 주소서

이 몸 연약해 조그마한 난간에 부딪힐지라도
당신께서 이 몸을 아끼시어 돌보사
그 난간에서 한시라도 빨리 빠져 나오게 도와주소서

이 몸 당신이 원하시는 길을 가게끔 힘을 덧입혀 주사
그 어떠한 둔덕이 내 앞길을 가로막는다 해도
내 앞길을 당신께서 친히 닦으사
당신께 향한 이 마음 변치 않게 하소서

당신께 향한 이 마음 언제나 돌보사
그 순전함이 변하지 않도록 이 몸 세상과 싸워 이기게 하소서
당신께서 친히 우리들을 위해 당신을 내어주심같이…

## 당신께서 내게 주신 것

나 가진 것 없으나
나 당신으로 인해 부유합니다

나 세상 기쁨 없으나
나 당신이 주신 기쁨으로 인해 기뻐합니다

당신이 내게 맡겨주신 또 허락해주신
당신의 일들을 잘 이루게끔 도와주소서

당신께서 내게 내려주신 밀알들이
이 땅 위에 떨어져 썩어지지 않도록
나를 이끌어 주소서

## 당신께서 언제나 나와 함께 하심으로 인해…

다른 사람들이 세상 것에만 귀를 열어
비록 내 말을 듣지 않는다 할지라도
당신께서 내 말을 들어주심에 나는 기뻐하나이다

다른 사람들이 비록 내 곁에 없다손 치더라도
당신께서 언제나 나와 함께 하심을 믿기에
나는 외롭지 않습니다

다른 사람들의 눈은 다른 곳을 향해 뛰어가고 있으나
당신의 눈만 내 곁에 머무른다면
나는 항상 당신의 그 눈을 따르며 나아가겠습니다

주님! 세상 사람들이 모두 나를 떠나
내 주위에 아무도 없다손 치더라도
당신께서 항상 나와 함께 하시기에 나는 기뻐할 수 있습니다

## 당신 때문에 기뻐하는 나

이 세상 아픔 나를 힘들게 하나
당신께서는 나보다 더한 어려움을 이겨내셨기에
내게 닥친 이 어려움 나 이겨나갑니다

이 세상 시험 나에게 닥쳐오나
당신께서는 이보다 더한 시험을 이겨내셨기에
내가 친히 이 시험을 이겨 낼 수 있습니다

나에게 아픔과 시험을 이길 수 있게 힘을 주신 당신
나 당신의 사랑으로 인해 기뻐합니다
세상 아픔과 시험이 언제나 나를 떠나지 않는다 해도…

## 당신만 알 수 있는 것

세상사람 들을 수 없는 온갖 소리
세상사람 찾아낼 수 없는 아주 작은 미세함
이것은 당신만이 찾아낼 수 있는 들리지 않는 울림

세상사람 볼 수 없는 아주 작은 씨앗
세상사람 읽을 수 없는 아주 작은 글씨
이것은 당신만이 느끼고 볼 수 있는 아담한 모습

당신만 보실 수 있기에 제일 귀중한 것
그것은 우리들의 작고도 어설픈 마음
이 마음을 사랑하시는 당신
그로 인해 즐거워하는 나

# 당신 앞에…

내 작은 믿음 한 바구니를 당신 손에 얹어놓습니다
그 바구니에 당신의 뜻을 고이 담아서…

내 작은 소망 한 모퉁이를 당신 어깨에 기대어봅니다
당신 어깨에 그 소망이 기댈 수 있도록…

내 작은 사랑 한 다발을 당신 가슴에 안겨드립니다
그 사랑이 당신 가슴에 스미어 들 수 있도록…

## 당신으로 인해…

나 당신으로 인해 깨닫고 있습니다
당신이 내게 다가온 그 사실을 이제야 알았기에…

나 당신으로 인해 기뻐하고 있습니다
당신이 나를 당신 자녀 삼아 주신 것을 다시 한 번 느꼈기에…

나 당신으로 인해 울고 있습니다
당신께서 내게 주신 사랑이 너무 아름답고 크므로…

## 당신을 찾아…

나 당신을 찾아 오늘도 이 거리를 서성입니다
언젠가부터 내 곁에 계시던 당신이 지금은 보이지 않기에…

나 당신이 보고파 지금 이 자리에 있을 수 없습니다
그러다 나 당신을 찾을 수 없어서 내 마음 한 언저리가 슬퍼지려 합니다

그러나 나 지금 당신께 고백합니다
당신 항상 내 곁에 계셨음을 나 몰랐었다고 울먹이면서…

## 당신의 눈물샘

당신 눈물 안 흘릴 때
세상 이들은 그저 당신을 원망하기만 합니다
당신께 드리고 있는 그들 한 명 한 명의 상처가
당신 마음 너무나 아프게 하여
당신으로 하여금
당신의 눈물샘조차 말라버리게 했음을 모르는 채…

당신 눈물 너무 많이 흘릴 때
세상 이들은 그저 당신을 바라보기만 합니다
그들이 당신께 준 상처가 너무나 기가 막혀
당신 너무나 많이 우시는 것을 조금도 깨닫지 못한 채…

당신의 마음을 조금이라도 알고 있는
우리들로 하여금 당신의 눈물샘의 깊이를 알도록 하소서
당신 마음속에 깊이 숨겨진 눈물샘의 깊이를
우리들의 눈물로 조절할 수 있게끔…

# 당신의 따뜻한 모습

당신 우리 모두에게 말씀하시곤 하셨습니다
너희들의 삶은 힘들지만 내가 항상 너희들 곁에 있으므로
너희들의 마음은 항상 즐거울 수 있다고
우리 모두 한 사람 한 사람을 손수 다독거리시며…

당신 우리가 깨닫는 그 순간까지 우리에게 쉴 틈 없이 말씀해 주십니다
삶은 고달픈 것이나 너희들 곁에는 언제나 내가 있으므로
너희들은 충분히 이겨나갈 수 있다는 당신의 온유한 말씀과 함께
우리 모두의 약한 마음을 당신의 의로운 오른 팔로 굳게 붙잡으시며…

당신께서 우리 모두에게 변함없이 들려주시는 말씀에도 불구하고
우리 가끔 쓰러지곤 할 때
당신은 그 온화하고도 슬픈 미소를 지으시면서
우리 한 사람 한 사람에게 손수 찾아오십니다
내가 보기에 너희들은 이 모든 것을 충분히 이겨낼 수 있기에

내가 너희들에게 허락한 어려움이라는 말씀과 함께
우리 각자 각자에게 사랑스런 눈길을 보내시며…

당신은 끊임없이 우리에게 당신이 뜻하신 바를 다시 생각하게 하십니다
이 세상 속에서 나타나곤 하는 여러 가지 어려움이 아닌
다른 일을 하고 있으면서도 주님을 전하는 이들의
그 아름다움만을 바라보게 하시면서…

당신 우리에게 언제나 당신만이 줄 수 있는 힘을 더하여 주십니다
우리들보다 아파하며 울부짖는 이들을 돌아 볼 수 있는 마음을 우리 모두에게 항상 갖게 하시면서…

## 당신의 따스함

당신의 그 크신 부드러움으로 풀 한 포기에게 사랑을 선물했습니다
당신 모습 언제나 그러하셨듯이…
당신께서만이 모든 나무들에게 줄 수 있는 노래를
당신은 기꺼이 불러주셨습니다
당신께서 주실 수 있는 모든 정성 다하여…
당신께서 친히 만드신 예쁜 꽃들의 속삭임을
당신은 아주 섬세하게 듣곤 하셨습니다
당신의 그 다정하고도 온화하신 귀로…

당신 사랑으로 아주 작은 나무 한 그루에
아주 귀여운 열매가 맺히게 하셨습니다
당신 정성 다하여…
당신 보살핌으로 아주 여린 풀 한 포기에게
그들만이 출 수 있는 춤을 추게 하셨습니다
그들의 몸짓을 귀엽게 보시면서…
우리들의 눈으로 보기에는 별 볼 일 없는 나무에게
당신은 귀여운 사랑과 웃음을 주셨습니다
당신께 향하는 그들의 티 맑은 웃음을 보시고자…

저는 당신께서 저희들의 잘못만을 보시고 계신 줄 알았습니다

그러나 당신께서는 작고 여린 풀 한 포기, 세상눈에 잘 띄지 않는 나무 한 그루, 별 볼 일없게 여겨지는 꽃 한 포기에도 관심을 두고 계신다는 것을 새삼 느끼게 되었습니다

그들이 필요로 하는 것들을 부족하나마 언제나 채워 주심을 보면서…

## 당신의 어루만지심

이 세상을 살아가면서 느끼는 가장 부드러운 손길
내 마음의 공허함을 달래시는
당신의 조용하고도 부드러운 손길
그것으로 인해 나는 즐거워하나이다

이 세상에서는 맛볼 수 없는 부드러운 눈길
당신의 눈길이 내게 임할 때
나는 뭇 사람들의 부러움을 한 눈에 받게 되어 즐거워하나이다

이 세상에서 내게 들려주시는 당신의 감미로운 음성
그 음성이 내게 임할 때
내 음성은 세상의 그것이 아닌 당신의 대답이 되어
오로지 당신의 음성으로 인해 즐거워하나이다

# 당신의 얼굴

저 하늘 두둥실 떠 있는 달님 속에는 어떤 얼굴이 숨어 있을까요.

그것은 바로 바로 나를 향해 웃음을 숨기지 못하는 당신의 얼굴이겠지요

저 하늘 모퉁이에서 잠자고 있는 별빛들의 얼굴 속에는 누구의 웃음이 숨어 있을까요

그것은 바로 바로 우리 아가를 향해 끝없이 박수치는 우리 엄마들의 웃음이겠지요

저 발그스름한 저녁놀 얼굴 속에는 어떤 모습이 숨어 있을까요

그것은 바로 바로 우리들의 삶을 가르쳐주는 선생님들의 모습이겠지요

# 당신의 음성

오늘도 메아리치는 당신의 음성
당신을 따라오라는 한 마디의 외침
그 외침에 움직이는 나의 발자취

그 발자취를 따라 오늘도 당신과 함께하는
내 하나의 마음 마음
그 마음에 나는 순종하며 쫓아갑니다

그 마음가짐이 나를 존재케 하므로
그 믿음이 나를 만들어 나가므로
나는 기뻐합니다

# 당신이 나와 함께 하기에…

당신이 나와 함께 하기에
나는 오늘도 지낼 수 있었습니다
오늘 내게 벅참이라는 친구가 찾아 왔지만…

당신이 나와 함께 하기에
나는 오늘도 감사함을 느낄 수 있었습니다
오늘 내게 불평이라는 친구가 나를 괴롭혔지만…

당신이 나와 함께 하기에
나는 오늘도 기뻐할 수 있었습니다
오늘 내게 슬픔이라는 친구가 나를 밀치며 다녀갔지만…

당신이 나와 함께 하므로
내게 닥치는 모든 어려운 일들을 할 수 있습니다
당신은 나의 유일한 피난처이므로…

# 당신이 주신 사랑으로…

당신이 주신 사랑으로 나 살아가겠어요
당신이 어제와 같이 오늘도 내려 주시는 그 사랑으로…

당신이 주신 마음으로 나 오늘도 살아가겠어요
우리를 위해 당신이 희생하신 그 마음을 나 가지고…

당신이 깨뜨려 주신 그 모습으로 나 살아가겠어요
내 있는 그대로의 모습을 온전케 하신 당신임을 나 다시금 깨달으면서…

# 더 하게 하소서

바람결에 떨고 있는 나뭇잎들의 움직임을 더 보게 하소서
나뭇잎들의 움직임이 잘 보이지 않더라도…

당신 모르는 이들의 아픔을 더 느끼게 하소서
그들은 당신을 몰라 허우적대니까…

나 당신 모르고 있는 이들에게 더 따뜻한 눈빛을 비춰주게 하소서
내 따뜻한 눈빛에 그들이 당신께 다가올 수 있도록…

그들이 당신께 돌아올 수 있도록 내게 힘을 실어 주소서
내 안에 계시는 당신 힘을 내게 더 실어주므로 인해
나 그들의 아픔을 더 깨달을 수 있도록…

나 오직 당신만 바라보게 하소서
나 모르는 이들은 나를 지나치지만
당신은 결코 나를 지나치지 않는다는 사실을 나 앎으로…

## 때

나 힘들 때 생각하게 하소서
당신께서 나를 위해 십자가에 돌아가신 그 놀라운 사실을…

나 외로울 때 찾아가게 하소서
이 세상사람들 거의 찾아가지 않는 친구들에게…

나 아픔 있을 때 듣게 하소서
아주 심한 아픔에 고달파 하는 이들의 신음소리를…

# 받아 주소서

내 소망 이대로 받아 주심에 감사드립니다
그 소망 가는 길이 당신 뜻과 언제나 함께 하고자 함을
나 느꼈기에…

내 온몸 이대로 받아 주심에 감사드립니다
내 몸 어느 곳 하나도 당신 손길 닿지 않은 곳이 없음을
나 깨달았기에…

내 온 정성 이대로 받아 주심에 감사드립니다
내 정성이 비록 세상 눈에는 적게 보인다 할지라도
당신은 내 정성에 기뻐하심을 나 비로소 알았기에…

## 보게 하소서

내게 다가오고 있는 오늘이라는 낯선 이가 나를 찾아온다 해도
나 변함없이 당신만 바라보게 하소서
당신은 내게 따스함을 전해 주는 나의 모닥불이니까…

내게 서서히 다가오지만
결코 내 곁을 지나쳐 가는 법이 없는 운명이라는 친구를
외면치 않게 하소서
그 친구는 당신께서 내게 허락하신
소중한 길동무이니까…

내게 쉴 새 없이 다가와 나를 힘들게 하는
삶이라는 한 식구를 나 받아들이게 하소서
그 식구는 나를 꼭 필요로 하니까…

# 언제나 당신께서 지켜주시는 이들의 말

하늘이 당신 품안에서 고이 잠든 오늘
나 당신께 드리고 싶은 말
"당신 나 오늘도 사랑해 주시니 감사합니다"

구름이 몰려와 오늘 당신께 하는 말
"오늘도 우리들을 감싸안아 주심에 감사드립니다"

따사로운 오늘의 햇살이 당신 곁을 스쳐지나가며 하는 말
"당신 오늘도 우리를 기억해 주심에
그 무어라 형용할 수 없습니다"

이따금 당신께서 내려주시는 단비들의 말
"당신 나 기억해 주셔서 친히 찾아주심에 감사드립니다"

우리 주위의 모든 것들이 매일 당신께 드리는 말
"당신이 우리들을 항상 잊지 않음에 몸 둘 바를 모르겠습니다"

## 언제나 함께 하시는 분

내가 세상 물에 휩싸여서 허우적거릴 때
내가 이 세상 풍파에 지쳐 괴로울 때
나와 함께 하셔 나를 위로해 주시는 그 분으로 인해
나는 오늘도 이 험난함을 이겨나갑니다

내게 닥친 고통으로 내 앞 길이 암흑 속에 있을 때
내 육신이 고달파 아무 일도 내 손에 잡혀지지 않을 때
내 고통을 보시고 달려오시는 당신의 모습으로 인해
나는 내 고통에서 헤엄쳐 나갈 수 있습니다

당신께서 나와 언제나 함께 하실 때
나는 모든 것들을 이기며
당신께서 나와 언제나 함께 하실 때
나는 모든 것들을 받아들일 수 있습니다

## 오늘도 이 밤을…

나 오늘도 이 거리를 걸으며 부르게 하소서
당신이 내게 주신 이 한 노래를…

나 오늘도 이 거리를 걸으며 생각하게 하소서.
저 하늘에 떠 있는 별의 크기가 다름을…

나 오늘도 이 거리를 걸으며 떠오르게 하소서
당신이 나를 쳐다보며 빙그레 웃고 있는 모습을…

## 작은 나의 마음

내 마음이 조용한 거리를 방황하고 있구나
그 마음 안에는 당신 사랑만 감추어져 있구나
단단하지만 결코 변함이 없는
그 마음을 사랑하시는 분으로 인해 나 기쁘구나

내 슬픔이 내 작은 마음 속 구석을 맴돌며
어찌할 바를 몰라 하는구나
그 슬픔은 당신 사랑으로만 가득 차있어
슬픔의 빛깔조차 내 비치지 못하고 있구나
그 빛깔은 당신 사랑의 빛깔 안에서 서서히 죽어 가고 있구나

내 기억이 주위를 맴돌며 내 마음을 울리고 있구나
그 기억이 너무 단단하여 사라질 줄 몰라 하는구나
그러나 나는 이 모든 것을 나를 만드신 내 사랑으로 이겨나가노라
왜냐하면 그 사랑은 이 모든 것을 보듬어 줄 수 있는
커다란 보석이므로…

# 작은 음성

내 작은 하늘에 떠오르는 뭇별들이 용솟음칠 때
나 당신 곁에 있을래요.
그 수많은 뭇별들을 세면서…

내 작은 얼굴에 당신 미소 떠오르면
나 당신 곁에 머무를래요.
당신 미소 바라보면서…

내 두 눈에 당신 얼굴 들어오면
나 당신만 바라볼래요.
내 작은 두 눈에 당신 들어옴을 기뻐하면서…

# 참 친구

나 사람들 속에서 홀로 외로워할 때 찾아오시는 분
나 도시 숲을 홀로 헤매며 휘청거릴 때
내 손을 잡고 함께 걸어가 주시는 분
그 분은 나와 언제나 같이 하시는 나의 참 친구

나 메아리조차 없는 어느 한적하고도 작은 산 위에서
홀로 서서 웃음을 잃고 헤매고 있을 때
살며시 다가오시며 당신만의 웃음을 지어주시는 분
그 분은 내 외로운 심정을 진정 헤아리시는 나의 참된 이웃

나 아무도 없는 한 구석에서 소리 없는 울음을 삼키며
내게는 전혀 들리지 않는 웃음을 짓고 있는 이들을
부러운 듯 바라보고만 있을 때
내 곁에 살며시 다가오시며 그들의 웃음을 친히 대신 지어주시는
그 분은 하나이며 모두가 되는 나의 참 동반자

# 함께 하시는 당신으로 인해 행복한 나

나 당신이 함께 하기에 행복합니다
내 삶이 세상 그늘에 가리워져 있다 하더라도…

나 당신이 감싸주기에 포근함을 느낍니다
당신의 품은 저 하늘 햇살과 같이 따스함으로…

나 당신으로 인해 기뻐합니다
설령 이 세상 모든 것들이 나를 버린다 해도
당신만은 언제나 나의 곁을 떠나시지 않으므로…

# 제2장 그리움을 묻고 사는 이들에게

# 기대

보슬보슬 피어나는 아지랑이에게 기대하게 하소서
그로 인해 따뜻함이 전해짐을 느끼면서…

무럭무럭 자라나는 강아지에게 기대하게 하소서
그가 자라나면서 내게 안겨줄 사랑을 기뻐하면서…

아장아장 걸음마 배우는 아가에게 기대하게 하소서
그가 이 세상 먼지들을 말끔히 씻어줌을 상상하면서…

# 꽃

이슬방울과 더불어 사는 하루도 즐거워하는 너
그 방울이 너의 삶이고 눈물임을 나는 알기에
나는 그 눈물에 같이 울게 되는구나

오늘도 너는 한 방울의 이슬로도 만족하며 살겠지?
우리가 너를 닮으면 좋겠다
한 방울의 이슬만으로도 만족할 수 있는 너를…

나는 오늘도 너를 그린다
잎새와 더불어 살지만 비록 한 방울의
이슬에만 매달려 살지만
그래도 기뻐할 너의 모습을 헤아려보면서…

# 내 그리움

내 날개 치는 생각을 바구니에 담아
내 생각이 네 생각이 될 때마다 꺼내보고 싶어
내 생각을 그냥 바구니에 담아 두고 싶다

내 생각이 네 생각이 되는 그날
나는 그 생각더미들을 바구니에서 꺼내
내 소중한 마음의 상자에 옮겨 담고 싶다

그 생각더미들을 내 마음의 상자에 옮겨 담는 그 순간
내 마음은 하늘을 훨훨 나는 느낌이 들겠지?
네 마음이 내 마음과 하나 되는 즐거움을 헤아려보면서…

## 내일이 있기에…

나 이제 가는 하루를 보내며
나 자신에게 하는 말
"내일이 있기에 나 행복하노라"

나 이제 가는 하루를 돌아보며
또 다시 되돌이켜 보는 말
"내일이 있기에 나 오늘을 살았노라"

나 이제 돌아오는 내일을 생각하며
스스로를 감싸 안는 말
"오늘 다음에 오는 내일이 있기에 나 살아가노라"

# 달

노란빛 네 얼굴이 나는 그저 맘에 들어
너를 쉼 없이 바라다본다

노란 네 수줍음이 사라지려 할 때
내 잠결에서나 네 수줍음을 맞이할 수 있을려나…

나는 오늘도 너를 쳐다보며 한없이 한없이 생각한다.
네 노란빛 얼굴에 숨겨진 비밀을…

# 벚꽃

하얀 내음이 온 하늘을 헤치며 날아드는 오후
나는 그들과 함께 그 내음의 정감을 깨달으며 오늘을 걷는다

그들의 소리는 어디에서 시작되는 걸까?
어디서 들려오는 소리일까?
그들의 몸짓은 왜 유달리 4월이 돼야 서글퍼지는 걸까?
나 그들에게 물으며 이 오후 거리를 걷고 있다

그들은 내게 답한다
"우리들의 몸짓은 4월이 되야만 하얀 풍선이 되어 하늘을 훨훨 날아다닐 수가 있다"고…

# 벚꽃 2

네 웃음이 흐드러지게 깨어있는 곳에서
나는 네 웃음 속의 소리를 듣는다
"오늘도 내가 너를 깨달았노라"고…

네 발길이 머무는 곳에 나도 머물고 싶어
네 돋움에 나를 세워본다
네 발자국이 내 발자국이 되도록…

내 마음은 너 그리고 싶어 네 물결에 나 머물 동안
너의 낱낱은 나를 버리고 날아가 버린다.
하늘높이 아니 안개 속으로…

# 별

하얀 손을 내밀고 나왔다가
하얀 손을 잡아 빼며 사라지는 너

하얀 뺨을 부벼대며 나왔다가
하얀 뺨을 다시 쓰러내리며 사라지는 너

반짝이는 너의 눈망울을 보이며 나타났다가
그 눈망울을 슬며시 감으며 사라지는 너

## 사랑하는 이여

사랑하는 이여
그대 이름은 고요이어라

사랑하는 이여
그대 이름은 그리움이어라

사랑하는 이여
그대 이름은 소망이어라

고요 속의 그리움을
그리움 속의 소망을
참으로 느낄 수 있는 나는
하나의 눈짓이어라

# 진달래

빨간 웃음 한 보따리가 피어나는 얼굴
그 얼굴에 한 어린 아이의 얼굴이 묻혀지고
그 어린 아이의 얼굴에 할머니 한 분의 얼굴이 덩달아 묻혀지면
그 마음도 그리워라 빨간 숲의 산들아!

빨간 기쁨에 한 어린 아이의 웃음이 기뻐 날뛰고
그 어린 아이의 기쁜 웃음에 할아버지 한 분이 기뻐하시고
그 곳은 빨간 이들이 즐거움과 기쁨을 나누며 살아가는 곳이어라

# 창

내 작은 창으로 햇빛 들어오면
나 그 해오름을 내 작은 손에 고이 담아
불어본다. 저 멀리까지…

내 어두운 마음에 손에 담긴 햇빛 비춰보면
나 서서히 아주 서서히 밝아진다

나 그 햇빛이 사라질 때까지
내 두 손을 모두어 본다
아주 자그마하게…

〈해설〉

# '당신'을 향한 마음의 시, 삶의 시
## - 강은숙의 시 감상

최세균(시인, 그사랑교회 목사)

이제 막 시인으로서의 첫발을 내 딛는 강은숙 시인은 그가 쓴 시보다 더 아름다운 '시로서의 마음'을 가진 사람이다. 세상에는 재주 있는 사람도 많고 실력 있는 사람도 많지만 순수한 사람이 많지 않다는 말을 자주 듣는데 강은숙은 그 많지 않은 사람 중의 하나이다. 그의 마음은 착하고 맑아서 깊은 산 속 오염되지 않은 호수 같다. 그가 그런 것처럼 그의 시도 꾸밈이 없고 순수하다. 그와 같을 수 있는 것은 그의 마음이 늘 하나님을 향해 있기 때문일 것이다. 어쩌면 강은숙은 하나님 때문에 그리고 그 하나님을 믿는 신앙 때문에 시를 쓰는지도 모른다. 그만큼 그의 시는 신앙 고백적이다. 하나님은 이로서 그의 시를 좋은 것으로 인쳐 주셨을 것이다 ― 사람들은 시의 완성도를 보면서 그의 시를 논할지 몰라도 ―.

강은숙 시인의 시에 대한 열정은 남다르다. 여러 분야에서 사회봉사를 하고 있는 중에도 거의 날마다 시를 쓴다. 시는 그의 삶이며 사랑이다. 그가 이렇게 시를 쓸 수 있는 힘은 어디서 나오는 것일까? 그는 존재의 이유가 되는 '당신'이 있다고 했다.

나를 안아주시고 나를 인도해주시는
당신의 사랑으로 나 오늘도 존재합니다.

내가 존재할 수 있게 도와주시고
내가 나다움을 언제나 간직할 수 있게 도와주시는 당신으로 인해
나 언제나 기뻐할 수 있습니다.

내 삶이 세상 보기에
내 삶이 사람들 보기에
보잘 것 없다 하더라도
내 곁에는 언제나 당신이 함께 하므로
나 이 짐을 지고 살아 갈 수 있습니다.

내 존재의 의미는 이 세상 사람들의 관심이 아닌
당신의 나에 대한 관심이므로
이 세상을 이겨나갑니다.

—「내가 존재하는 이유」에서

존재하는 모든 사람들은 모두 무엇인가를 그리워한다. 그 대상이 사람일 수도 있고 고향의 산천이나 과거의 어린 시절일 수도 있다. 그 그리움이라는 것은 원래 강한 감정이라 — 경우에 따라서는 상사병이 될 수도 있는 — 시인들이 시를 쓰는 모티브로 작용하기 일쑤다. 어쩌면 시는 그리움에서 나온다고 해도 과언이 아닐 것이다. 강은숙 시인은 그 그리움의 분량이 유난히 많은 시인이다.

그의 그리움의 시작은 어디일까? 「내 그리움의 시작」이라는 시에서 그는 그것을 분수대라고 했다. 그는 분수대의 뿜어 오르는 물줄기에서 자신을 반기는 여러 가지 얼굴을 보기도 하고 웃음을 보기도 했을 것이다. 그가 분수대로 표현한 그 그리움의 시작은 '당신'으로 표현한 그 분 곧 하나님인 것이다. 요한복음 7장 38절의 "나를 믿는 자는 성경에 이름과 같이 그 배에서 생수의 강이 흘러나리라" 하신 그 생수를 의미하고 있는 것이기도 할 것이다.

내 그리움의 시작은 어디일까요
작은 물줄기가 서로 모여 큰 물줄기를 뿜어내는 바로 그 곳
내 그리움의 시작은 바로 분수대이지요.

내 반김의 시작은 어디일까요.
화들짝 반기는 아기의 얼굴처럼
그 얼굴을 반기는 엄마의 모습처럼
내 반김의 시작은 바로 얼굴이지요.

—「내 그리움의 시작」에서

그리움의 특징은 끌어당김이다. 사람은 누구나 그리움을 향하게 된다. 설사 그리운 사람을 만나지 못하고 또 그것을 소유하지 못한다 할지라도 그럴수록 마음은 더욱 그것을 향하게 마련이다. 시편기자는 자신이 그리워하는 주의 장막 때문에 쇠약해지고 마음과 육체가 함께 부르짖는다고 했다.

만군의 여호와여 주의 장막이 어찌 그리 사랑스러운 지요 내 영혼이 여호와의 궁정을 사모하여 쇠약함이여 내 마음과 육체가 생존하시는 하나님께 부르짖나이다 나의 왕, 나의 하나님, 만군의 여호와여 주의 제단에서 참새도 제 집을 얻고 제비도 새끼 둘 보금자리를 얻었나이다(시84:1-3).

그리워하고만 있지 않는 시인들, 그들은 적극적으로 그리움의 대상을 향해 마음을 모으고 또 그 마음을 움직여 대단히 적극적으로 그리움의 대상을 향해 간다. 히브리서 말씀에 믿음은 바라는 것들의 실상이라 한 것처럼 실상인양 바라고, 보지 못한 것들의 증거라 한 것처럼 증거인양 소유한다. 그래서 밤의 달빛은 그러한 그 소망의 마음을 하늘로 끌어올리는 줄이 되고 시인은 기꺼이 달빛을 맞으며 당신 생각에 잠기고 달빛을 통해 나를 반겨줄 당신을 떠올린다. 그리고 마침내 그 당신을 향해 온 마음으로 달려간다.

오늘 하루도 나는 달빛을 맞으며 당신 생각에 잠겨 있습니다

저 달빛을 통해 나를 반겨줄 당신을 나 떠올리며…

나 오늘도 당신을 향해 내 온 마음이 달려가고 있습니다
당신 내게 주신 마음 한 가지만을 생각하면서…

—「당신 향한 나의 마음」에서

시인의 '당신'은 어떤 분일까? 어떤 분이기에 시인은 온 마음을 그에게로 향하고 또 달려가는 것일까. 강은숙의 당신은 '따스한 분'이다. 그'당신'은 두말할 것도 없이 하나님이다.

욥기 37장 17절에 이런 질문이 나온다.

"남풍으로 하여 땅이 고요할 때에 네 의복이 따뜻한 까닭을 네가 아느냐?"

그분의 따스함은 이와 같은 것이리라. 그러나 아는 이가 많지 않다. 그래서 욥기에서는 그 따스한 분의 하시는 일이 질문형식으로 길게 소개된다.

내가 땅의 기초를 놓을 때에 네가 어디 있었느냐 네가 깨달아 알았거든 말할지니라 누가 그 도량을 정하였었는지, 누가 그 준승을 그 위에 띄웠었는지 네가 아느냐

그 주초는 무엇 위에 세웠으며 그 모퉁이 돌은 누가 놓았었느냐 그 때에 새벽 별들이 함께 노래하며 하나님의 아들들이 다 기쁘게 소리하였었느니라 바닷물이 태에서 나옴 같이 넘쳐흐를 때에 문으로 그것을 막은 자가 누구냐 그 때에 내가 구름으로 그 의복을 만들고 흑암으로 그 강보를 만들고 계한을 정하여 문과 빗장을 베풀고 이르기를 네가 여기까지

오고 넘어가지 못하리니 네 교만한 물결이 여기 그칠지니라 하였었노라 네가 나던 날부터 아침을 명하였었느냐 새벽으로 그 처소를 알게 하여 그것으로 땅 끝에 비취게 하고 악인을 그 가운데서 구축한 일이 있었느냐 땅이 변화하여 진흙에 인친 것 같고 만물이 옷 같이 나타나되 악인에게는 그 빛이 금한바 되고 그들의 높이 든 팔이 꺾이느니라

네가 바다 근원에 들어갔었느냐 깊은 물밑으로 걸어 다녔었느냐 사망의 문이 네게 나타났었느냐 사망의 그늘진 문을 네가 보았었느냐 땅의 넓이를 네가 측량하였었느냐 다 알거든 말할지니라 광명의 처소는 어느 길로 가며 흑암의 처소는 어디냐 네가 능히 그 지경으로 인도할 수 있느냐 그 집의 길을 아느냐 네가 아마 알리라 네가 그 때에 났었나니 너의 년수가 많음이니라 네가 눈 곳간에 들어갔었느냐 우박 창고를 보았느냐 내가 환난 때와 전쟁과 격투의 날을 위하여 이것을 저축하였노라 광명이 어느 길로 말미암아 뻗치며 동풍이 어느 길로 말미암아 땅에 흩어지느냐 누가 폭우를 위하여 길을 내었으며 우뢰의 번개 길을 내었으며

사람 없는 땅에, 사람 없는 광야에 비를 내리고 황무하고 공허한 토지를 축축하게 하고 연한 풀이 나게 하였느냐 비가 아비가 있느냐 이슬방울은 누가 낳았느냐 얼음은 뉘 태에서 났느냐 공중의 서리는 누가 낳았느냐 물이 돌 같이 굳어지고 해면이 어느니라

네가 묘성을 매어 떨기 되게 하겠느냐 삼성의 띠를 풀겠느냐 네가 열두 궁성을 때를 따라 이끌어 내겠느냐 북두성과 그 속한 별들을 인도하겠느냐 네가 하늘의 법도를 아느냐 하

늘로 그 권능을 땅에 베풀게 하겠느냐 네 소리를 구름에 올려 큰 물로 네게 덮이게 하겠느냐 네가 번개를 보내어 가게 하되 그것으로 네게 우리가 여기 있나이다 하게 하겠느냐

가슴속의 지혜는 누가 준 것이냐 마음속의 총명은 누가 준 것이냐 누가 지혜로 구름을 계수하겠느냐 누가 하늘의 병을 쏟아 티끌로 진흙을 이루며 흙덩이로 서로 붙게 하겠느냐 네가 암사자를 위하여 식물을 사냥하겠느냐 젊은 사자의 식량을 채우겠느냐 그것들이 굴에 엎드리며 삼림에 누워서 기다리는 때에니라

. 까마귀 새끼가 하나님을 향하여 부르짖으며 먹을 것이 없어서 오락가락할 때에 그것을 위하여 먹을 것을 예비하는 자가 누구냐(욥38:1-41)

구구절절 옳은 말씀이지만 사람들은 그 사랑에 잘 반응하지 못한다. 그런데 강은숙은 다르다. 그는 지극히 작은 것들에서도 그 사랑의 따스함을 느끼고 노래한다. 풀 한 포기에게 사랑을 선물하는 따스함, 모든 나무들에게 줄 수 있는 노래를 기꺼이 불러주시는 따스함, 친히 만드신 예쁜 꽃들의 속삭임을 섬세하게 듣고 계시는 따스함, 그 따스함으로 아주 작은 나무 한 그루에도 귀여운 열매를 맺히게 하시고 아주 여린 풀 한 포기에게도 그들만이 출 수 있는 춤을 추게 하시는 따스함, 그 따스함으로 우리들의 눈으로 보기에는 별 볼 일 없는 것에게까지 사랑과 웃음을 주시는 그분의 따스함에 매료된 시인은 그 따스함 때문에 사랑을 하고 시를 쓴다.

당신의 그 크신 부드러움으로 풀 한 포기에게 사랑을 선물했습니다
당신모습 언제나 그러하셨듯이…
당신께서만이 모든 나무들에게 줄 수 있는 노래를
당신은 기꺼이 불러주셨습니다
당신께서 주실 수 있는 모든 정성 다하여…
당신께서 친히 만드신 예쁜 꽃들의 속삭임을
당신은 아주 섬세하게 듣곤 하셨습니다
당신의 그 다정하고도 온화하신 귀로…

당신 사랑으로 아주 작은 나무 한 그루에
아주 귀여운 열매가 맺히게 하셨습니다
당신 정성 다하여…
당신 보살핌으로 아주 여린 풀 한 포기에게
그들만이 출 수 있는 춤을 추게 하셨습니다
그들의 몸짓을 귀엽게 보시면서…
우리들의 눈으로 보기에는 별 볼 일 없는 나무에게
당신은 귀여운 사랑과 웃음을 주셨습니다
당신께 향하는 그들의 티 맑은 웃음을 보시고자…

—「당신의 따스함」에서

그 따스한 사랑에 보답하지 못하는 것 같아 시인은 항상 괴롭다. 그 크신 사랑에 반응하기에는 자신이 너무 작다고 여기는 것이다, 성경은 지극히 작은 자에게 초점이 맞춰질

때가 많다.

마태복음 25장 40절에서는 내가 진실로 너희에게 이르노니 너희가 여기 내 형제 중에 지극히 작은 자 하나에게 한 것이 곧 내게 한 것이니라 했고, 마태복음 25장 45절에서는 내가 진실로 너희에게 이르노니 이 지극히 작은 자 하나에게 하지 아니한 것이 곧 내게 하지 아니한 것이니라고 했다. 누가복음 16장 10절에서는 지극히 작은 것에 충성된 자는 큰 것에도 충성되고 지극히 작은 것에 불의한 자는 큰 것에도 불의하니라 했고 누가복음 17장 2절에서는 이 작은 자 중에 하나를 실족케 할찐대 차라리 연자맷돌을 그 목에 매이우고 바다에 던지우는 것이 나으리라고 했다.

강은숙 시인은 큰 것보다 작은 것에 더 관심을 가졌고 마침내 작은 것 중의 작은 것은 자신의 삶임을 고백하기에 이른다. 「내 조그만 삶」에서 그는 네 삶이 무엇이냐고 어떤 이가 물으면 저 하늘에 떠 있는 작은 샛별이라고 대답하겠다고 했다. 그것은 단순히 작은 것을 예찬하는 차원이 아니다. 샛별은 작으면서도 큰 하늘을 빛내는 몸짓이기 때문이라는 것이다. 또 어떤 이가 네 삶이 무엇이냐고 다시 물으면 구름 위를 흘러가는 작은 소리의 바람이라고 말하겠다 했다. 역시 바람소리의 작음 때문은 아니다. 하늘의 뭉게구름을 떠가게 하는 발버둥이기 때문이라는 것이다. 이것은 작지만 제몫을 다하겠다는 강렬한 의지의 표현이다. 사랑하는 하나님을 위하여 작지만 몸부림이 되겠다는 시적 부르짖음 속에서 우리는 그의 헌신적 신앙을 읽게 된다.

네 삶이 무엇이냐고 어떤 이가 물으면 나 대답하리요
내 삶은 저 하늘에 떠 있는 작은 샛별이라고 말이오
작은 몸짓들이 모여 저 큰 하늘을 빛내는 하나의 몸짓이 라고…

네 삶이 무엇이냐고 어떤 이가 또 다시 물으면 나 대답 또 하리요
내 삶은 저 구름 위를 흘러가는 작은 소리의 바람이라고 말이오
작은 소리들이 모여 저 뭉게구름 위를 떠가는 하나의 발 버둥이라고…

—「내 조그만 삶」에서

강은숙 시인은 마음이 시인, 마음의 시인이며 삶으로 시를 쓰는 삶의 시인이다. 사람들은 그의 마음에서 그의 시를 읽으며 그의 삶에서 그의 시를 본다. 이 시집에 올려진 그의 시는 그런 것들의 그림이다. 그래서 우리는 그의 시를 통하여 그가 가지는 아름다운 마음과 그가 누리는 행복한 삶을 보게 되고 얻게 된다.

이 모든 것의 마지막 심상은 감사이다. 그는 감사한다. 그가 가진 것들이 큰 것이 아닐지라도 모두 감사가 된다. 감사하기가 쉽지 않을 때도 많았을 것이다. 그래서 그는 감사하게 해 달라고 기도한다. 「나 감사하게 하소서」는 그래서 쓰인 시일 것이다. 감사는 축복이 들어오는 문이라고 했다.

시가 된 그의 감사들이 축복이 되어 더욱 아름다운 시들로 형상화되기 바란다.

나 감사하게 하소서
저 하늘에 떠 있는 뭇별 들을 볼 수 있음에…

나 소망 가지게 하소서
저 풀밭에 버려진 들풀을 내가 감싸 줄 수 있음에…

—「나 감사하게 하소서」에서